Félicitations !

Vous venez d'acquérir le meilleur carnet au monde ! Il va vous rendre riche et célèbre
(enfin au moins heureux on l'espère !)

<u>Ingrédients</u> : du papier, de l'encre, notre créativité et beaucoup de plaisir. N'hésitez pas à nous faire votre retour sur Amazon, on aime savoir par qui nos carnets sont adoptés et comment on peut les améliorer.
Cordialement bisous
Ecureuil Editions

Pour toutes questions suggestions et remarques, vous pouvez nous contacter sur cette adresse mail :
editionsrenard@gmail.com

Crée par P. Botor
286 rue Fernand bar 62400 Béthune
Dépôt légal juin 2022
Imprimé à la demande par Amazon.
D'autres modèles de carnets en tapant <u>Éditions Zèbre</u> ou <u>Éditions Renard</u> sur Amazon.

Selon l'article L 335-2 : toute édition d'écrits, de composition musicale, de dessin, de peinture ou de toute autre production, imprimée ou gravée en entier ou en partie, au mépris des lois et règlements relatifs à la propriété des auteurs, est une contrefaçon et toute contrefaçon est un délit.

Carnet offert par :

....

....

Pour :

....

....

Merci pour tout !

Mon plus beau dessin pour vous

Mon meilleur souvenir avec vous :

Buzz

Vous devez placer les chiffres de 1 à 6 sur chaque ligne et chaque colonne en suivant les indications des symboles « plus grand que » ou « plus petit que » qui sont présents. (chaque chiffres de 1 à 6 doit être présent 1 fois dans une ligne ou une colonne)

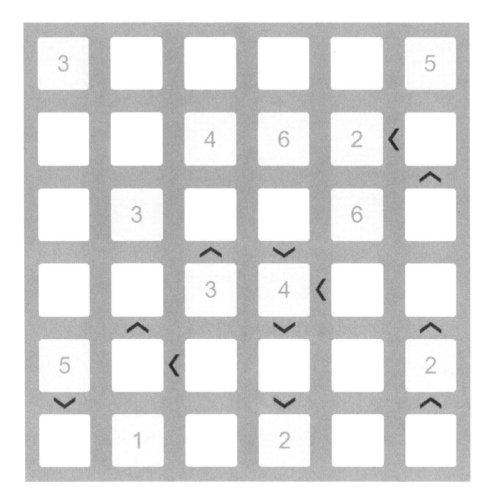

Solutions en fin de cahier

GRILLE 2

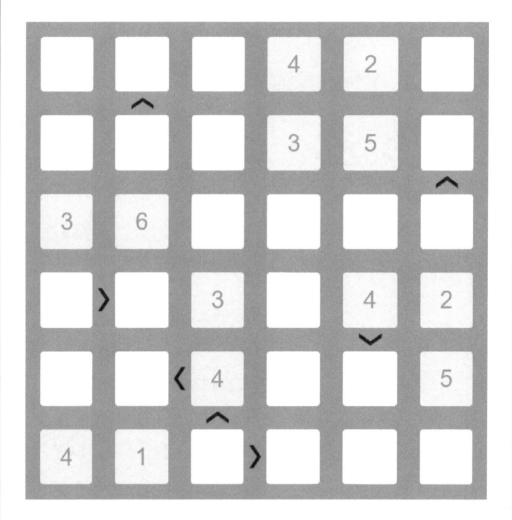

GRILLE 3

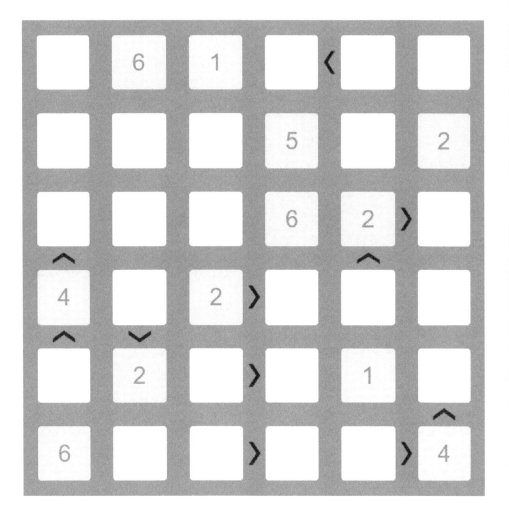

GRILLE 4

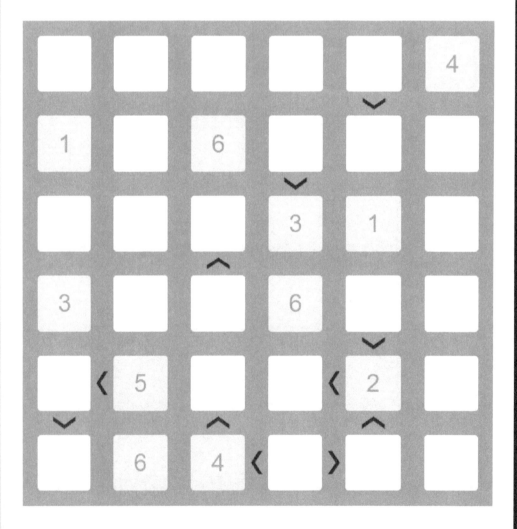

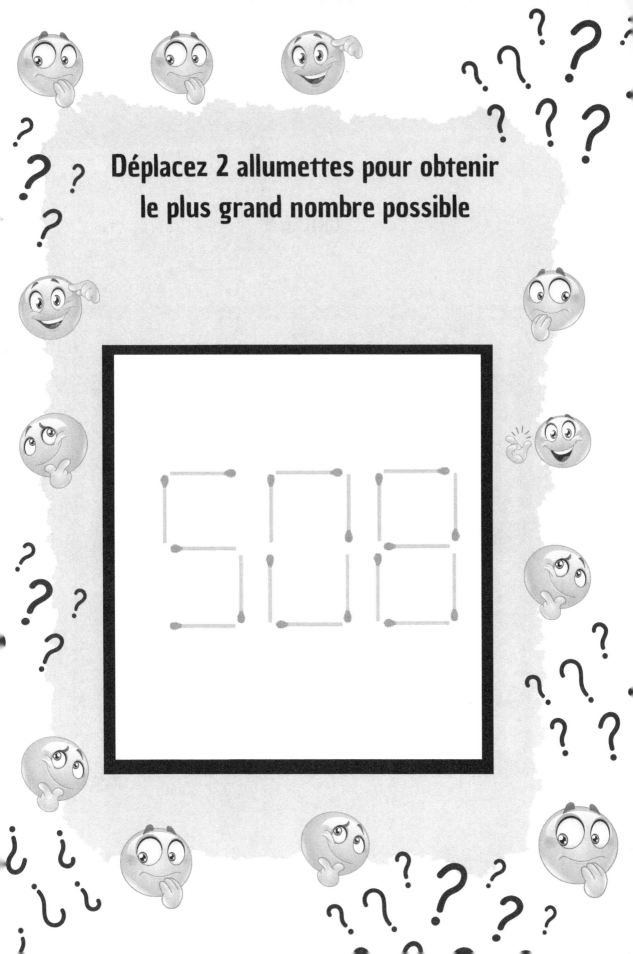

GRILLE 5

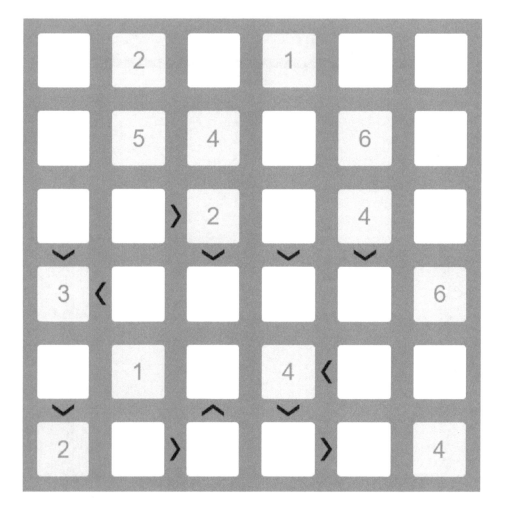

GRILLE 6

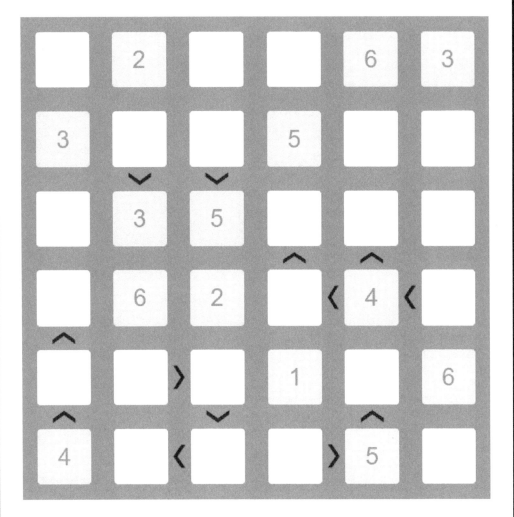

GRILLE 7

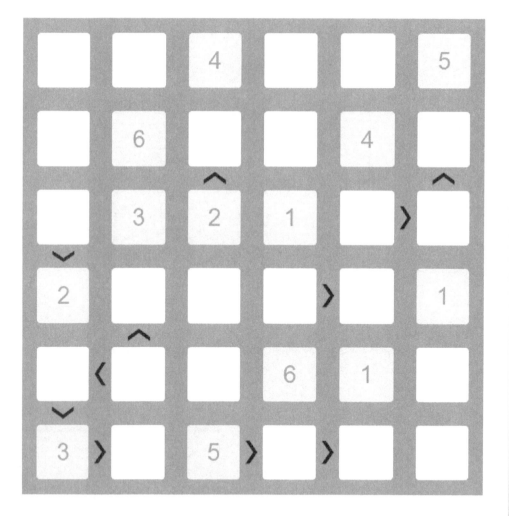

GRILLE 8

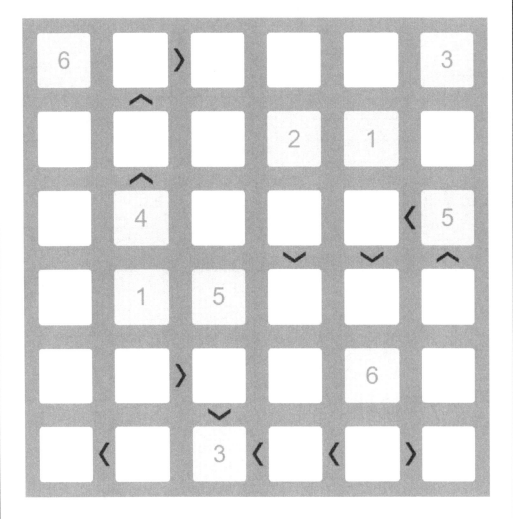

Si j'étais...

"Si j'étais une fleur, je serais..."

"Si j'étais un animal de la jungle, je serais..............................."

"Si j'étais une couleur, je serais......................................."

"Si j'étais une saison, je serais.."

"Si j'étais un paysage, je serais..................................."

"Si j'étais une chanson, je serais......................................."

"Si j'étais un aliment, je serais...................................."

"Si j'étais un super-héros, je serais......................................"

"Si j'étais une étoile, je serais......................................."

"Si j'étais un instrument de musique, je serais......................."

"Si j'étais un animal de compagnie, je serais............................"

"Si j'étais une œuvre d'art célèbre, je serais.........................."

"Si j'étais un moment de la journée, je serais........................"

"Si j'étais une sensation, je serais......................................"

"Si j'étais un animal sauvage, je serais................................."

"Si j'étais un moment de l'année, je serais............................"

Le Matuko

Le Matuko est un jeu de réflexion où vous placez des chiffres de 1 à 5 dans une grille sans répéter aucun chiffre dans une ligne ou une colonne. Certains groupes de cases sont entourés par des lignes épaisses et doivent contenir des chiffres dont le résultat correspond à un nombre donné à l'intérieur de la grille. c'est un mélange entre le sudoku et le kakuro)

GRILLE 1
Placez les chiffres de 1 à 5

GRILLE 2

3+	8+		2-	
	7+	15x		
15x		9+	3+	
	4x		7+	5x
4				

GRILLE 3

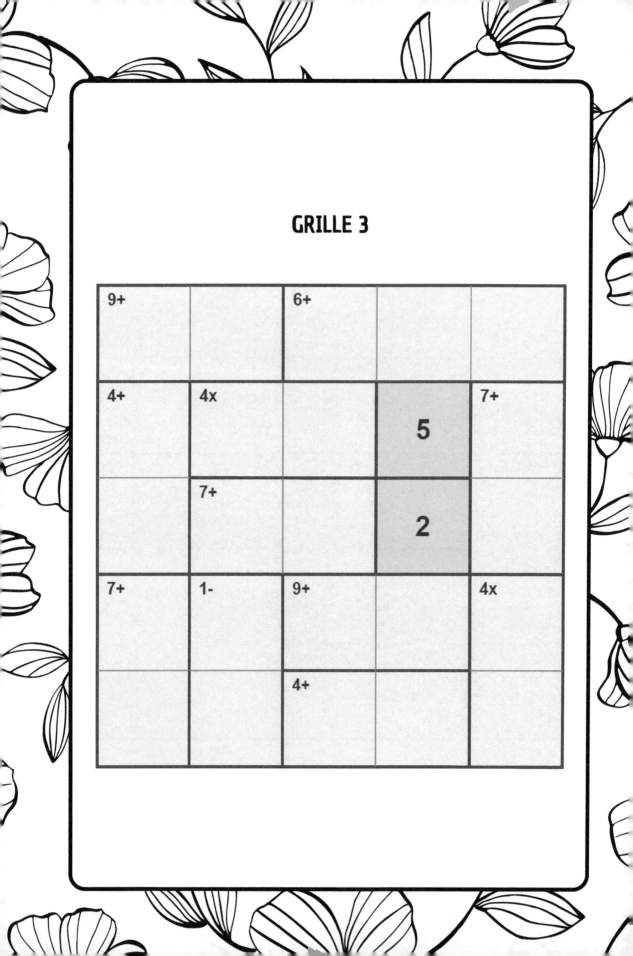

GRILLE 4

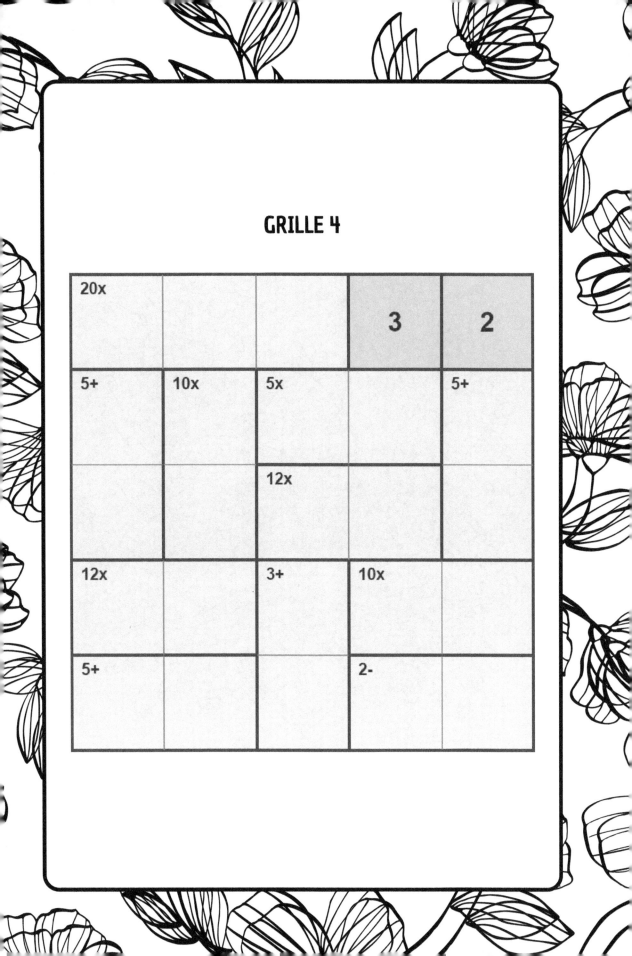

Coloriage Anti-stress

GRILLE 5

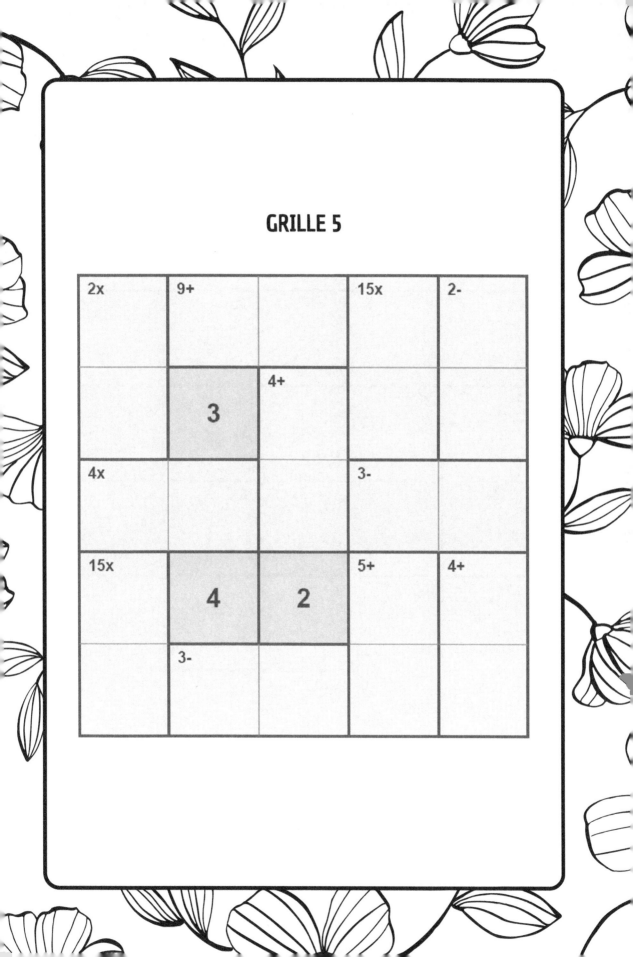

GRILLE 6

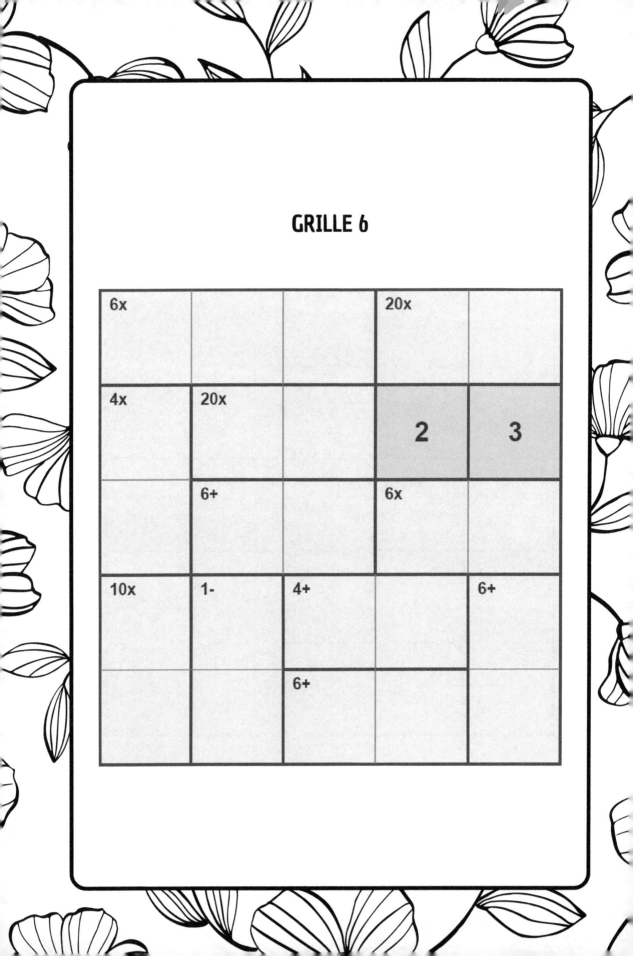

GRILLE 7

	7+		9+	2/
3				
4	4+	8+		
10x			6+	
	8+			15x
	6+			

GRILLE 8

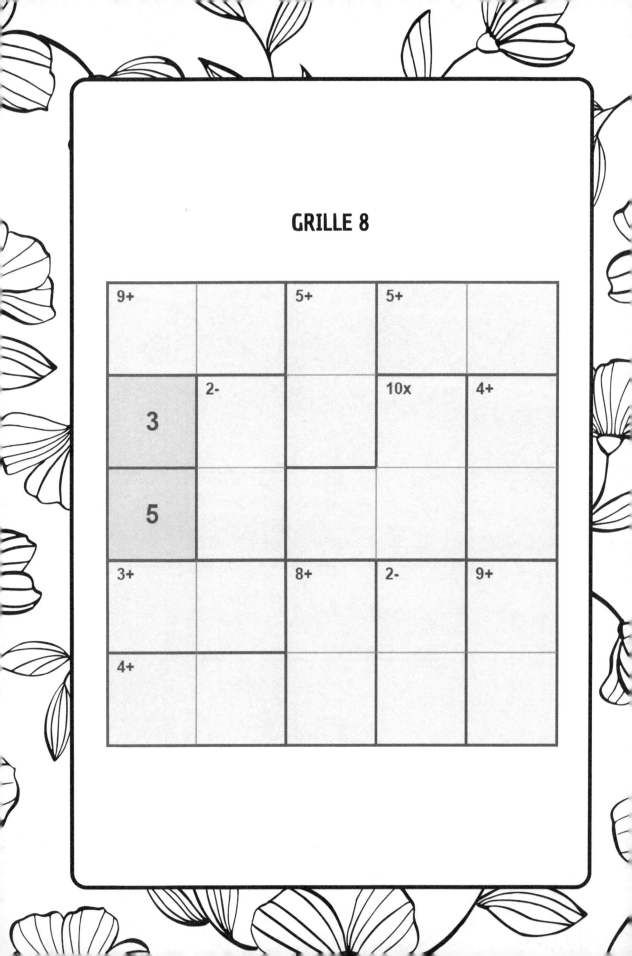

Les triangles

Combien y a t'il de triangle au total dans cette figure ?

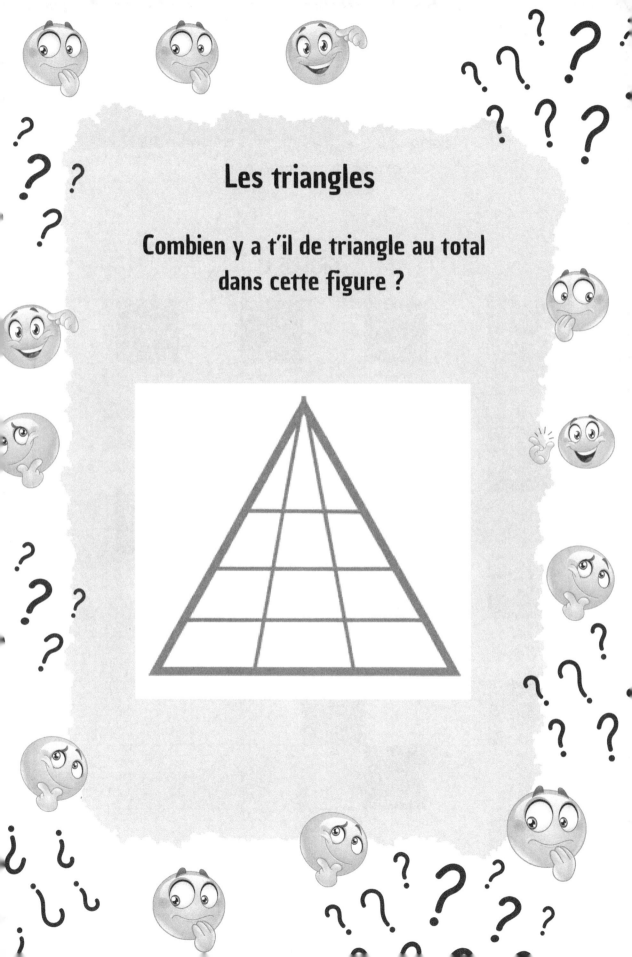

Anagrammes

Mélangez les lettres du mot donné pour former de nouveaux mots

GRILLE 1

DELA-TRICE		CANOTS		BEENT		MER-CERIES	
PLEUROTE		LIA		ROADSTER		NU	
ANNONCE							
MERITA							
						METRE	
SALIS		ATRES					
		ES					
					RE		
					ASE		
ET			DIME				
R.G.			I.P.				
		EPEES					
ARTEMIS							

GRILLE 2

VEN-GERAIS	▼	RADIAL	▼	CHINE	▼	VERGE	▼
ETANCHER		NAT		CONTER		SE	
▶		▼		▼		▼	
OVAIRES	▶						
GREDIN							
▶						DIRAS	
		NAINE	▶			▼	
AIMER		MOLE					
▶		▼			USA		ERE
					▼		▼
E.G.	▶	ARTS	▶				
LEGE		U.E.					
▶			▼	RUE	▶		
DEROULA	▶						

GRILLE 3

GRILLE 4

Citations positives

"Sourire mobilise 15 muscles, mais faire la gueule en sollicite 40. Reposez-vous : souriez !"

Christophe André

"Le bonheur n'est pas toujours dans un ciel éternellement bleu, mais dans les choses les plus simples de la vie."

Confucius

"Attachons-nous à reconnaître le caractère si précieux de chaque journée."

Dalaï Lama

"Rien n'est jamais fini, il suffit d'un peu de bonheur pour que tout recommence."

Emile Zola

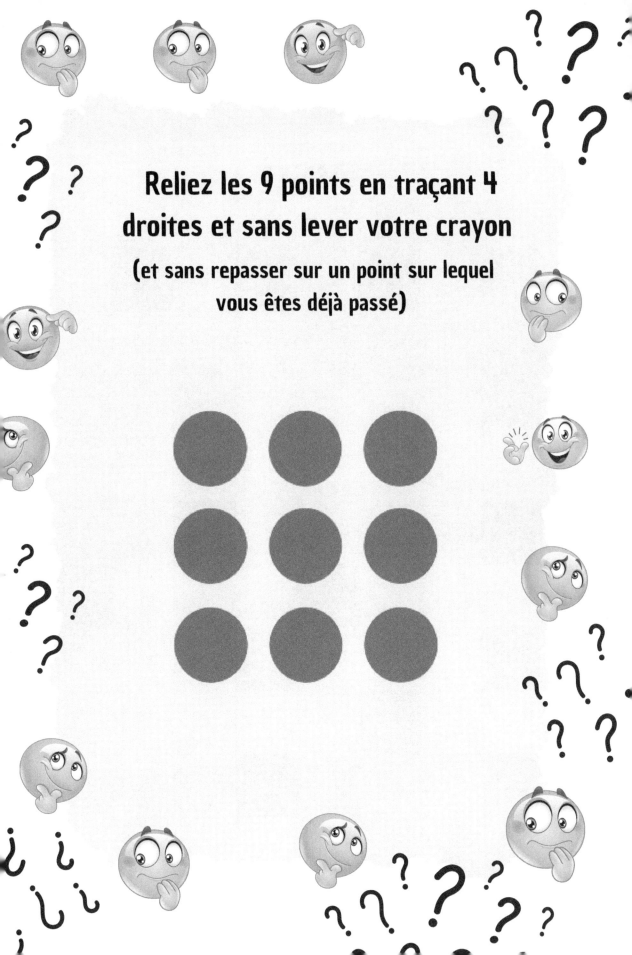

GRILLE 5

PRE-CISEES	▼	PUNIR	▼	DINE	▼	SETON	▼
RESUMEES ▶		LESANT		GRELE		COUTUREE	
			▼		▼		▼
CREANCE ▶							
ORIGINEL							
▶							
NEPE ▶					TU	▶	
NIA					MOIE		
▶		TEL ▶			▼		ARE
		OPE					
EST ▶			▼	REM	▶		▼
SU							
▶		PEROU ▶					
GEO ▶				RAI ▶			

GRILLE 6

DENIGRAIT ▼		TURCO ▼		ILLETTRES ▼		CERES ▼	
MINOTIER		O.M.		INSEE		LEU	
▶							
OUILLER ▶							
I.P.							
▶		EULER ▶					
		IMA					
ETAGE ▶						ROUE	
MER							
▶		TES ▶					NOE
		PAR					
RIA ▶				UTE ▶			
NA							
▶		OPERA ▶					
POT ▶				NOS ▶			

GRILLE 7

GRILLE 8

TRES-SERAS		GRENEE		DUALE		PRES-TANCE	
DATERENT		TUNE		ON		ARE	
▶							
ENROUER							
NEES							
				CAL			
				REFUS			
FERUS						MARE	
SE							
		U.E.			NA		
		BAR					
RE			TRES				
ARMET			O.M.				
					E.-M.		
SABORDE							

Mes souvenirs positifs

Que m'est-il arrivé de positif aujourd'hui ?

....
....
....
....

Que m'est-il arrivé de positif cette semaine ?

....
....
....
....

Que m'est-il arrivé de positif ce mois-ci ?

....
....
....
....

Les mots mêlés

Trouvez les mots cachés dans la grille de lettres.
Les mots peuvent être placés horizontalement,
verticalement ou en diagonale.
Les mots peuvent aller dans toutes les directions.
Entourez chaque mot dès que vous le trouvez.

GRILLE 1

```
A P O T E R I E A C W O C K J Y A C L X M Y N E
T Y R O L I E N N E D A N S L A F O R E T E E A
L N I D D F E A D N O E G N O L P N E K Y N C Y
E A R A J E I E L A C O L E N I S I U C T C I T
R T E W O C A D Z C N Y W U R E W E G A E C F C
U R J E O L O A F I N S U F I N X U I I C N I M
M A Y I E W A V G B O Z E D N C E C K U G B T U
I D E E Y E V V U K F I I E U P H T E B F K R T
E I T S W S V C I K O P T R N I Q T S Y L W A T
R T A T P O O S P T A U S E I P I E C T E E D N
E I A X J E V D I F S I I D D S L H F L U S X A
I O J O J O J E M V O E D P I B U E N R R F U L
S N L P V R F C P N M P F V M K A U I C S E E O
I S N O I T A T S U G E D I N N Q Y F N S I F V
O L E S E C U P X U A E H C R A M I Y F A A A F
R O C T E X E K J D P X N R T I E R D R U I U R
C C R V N P A R A P E N T E C E E L I E V N R E
T A N A S I T R A D S R E I L E T A I F A E U C
Y L H S P E C H E A L A L I G N E R H T G B R L
K E O W M J N E A Q Y I Y U Z Q U A E J E U P T
D S A N F M O F S O Q C X J J E D O A T S E A K
```

traditions locales   fleurs sauvages   Pêche à la ligne   Danse en plein air
cuisine locale   Feux d'artifice   Dégustation   poterie   Parapente   Excursion
Ateliers d'artisanat   Tyrolienne dans la forêt   cerf-volant   Marché aux puces
Croisière   Festival   tai-chi   Plongeon   Visite

GRILLE 2

```
D A R P T N E T R E V U O C E D R
E E O N O P D W F G R F I J S T M
G T F I F S A H I R A C Z A T F H
A N O G L R C W S I N A A M O E P
S E R H O E S U E L D M E P D B D
Y T E K R P A I N L O P I M O A R
A E T Y E O C N T A N I V A L R U
P D I L R S L O I D N N F C U B I
M U I I U B O I E E E G S E E E S
I U S B T I I S R S E F H D I C S
D E Q E A V S A L A A N F U N U E
H U T R N Y I V M U O C R E I E A
V Y T T C D R E N B F U Q F T X U
R Y Y E O V S E Z M S I W N I A Q
```

Grillades   Paysage   Cascade   Camping   Ruisseau
Bonheur   Évasion   Détente   Sentier   Nature   Liberté
Feu de camp   Découverte   Forêt   Randonnée   Barbecue
Repos   Loisirs   Flore   Faune

GRILLE 3

```
E C P E Q S U Y Q N E U A F O I N F P V I T
L E C T U R E S M A A M C U U L I U I I A S
B O U L E S D E N E I G E B E N P D E N M E
E X P L O R A T I O N P I D W G L O Z C N U
S I O R S E D E T T E L A G F I A A C H V Q
S K I D E F O N D I C D O I C L I K Y A C I
Y L I S I N O I T A T S U G E D K M O U I N
P I Q U E N I Q U E I S E R T N S D R D N A
U B U V O E A C S M A R C H E D E N O E L T
J O U R N E E C O C O O N I N G P E Y D O O
D E C O R A T I O N D E S A P I N P W E B B
F I L M E T P O P C O R N P S U C I X P W S
R A N D O N N E E E N R A Q U E T T E S U N
I L O H O C E G U L P T D R A O B W O N S I
I E T E G A T C P E I Y Y E K D B R W U M D
G S O O T Y E S P N O Y T G T I Y P U T E R
L F O C P W H O A E T E D E C I T S L O S A
O V P A O B T G U I E G J M T Q F M R Z L J
O E D O T L E D M U E E D D D W S E S X X B
```

Snowboard   Galette des rois   Pique-nique   Patinage   Dégustation   Ski de fond
Film et pop-corn   Lecture   jardins botaniques   Marché de Noël   boules de neige
Journée cocooning   Décoration de sapin   solstice d'été   Randonnée en raquettes
Luge   Exploration   Vin chaud   Ski alpin   igloo

GRILLE 4

```
K L P C A O C I E V Y E A E E R S O Y U
M I E L X U R K E F H C O A E C C Q E R
E O S O C D R O E C M W E M O A E I X P
T U C B L R G O E H A G E N N M Y R P E
O O A F O N I P R U C D S O O K G E L N
I I P K I U N Q S E S N E T A U J F O N
L E A X E O L M U T S U A Y A M M B R A
E D D O F X Z E I E O B A L O O S T A V
S A E R Q O C U S Q R K O T A E O E T I
F S Y M V Z R U S D C U O R R V E Y I G
I S S W I F O K R U E N T V E F A Q O A
L I G E Q E S O B S E N A N U A R E N T
A L D H S Y E E L I I T E J E T L U O I
N G T D A U N H G G O O O I S V I E R O
T U Z A U T D E C I I P N I G K A N S N
E R Z A P A F E R G X T R T E E U A D P
S E Z A T J E E M B R I S E M A R I N E
```

Étoiles filantes   Boules de neige   Fruits de mer   Aurores boréales
Exploration   Observatoire   Navigation   Brise marine   Motoneige
Excursion   Avalanche   Méduses   Escapade   Aventure   Glissade
Crique   Igloo   Canoë   Pêche   Kayak

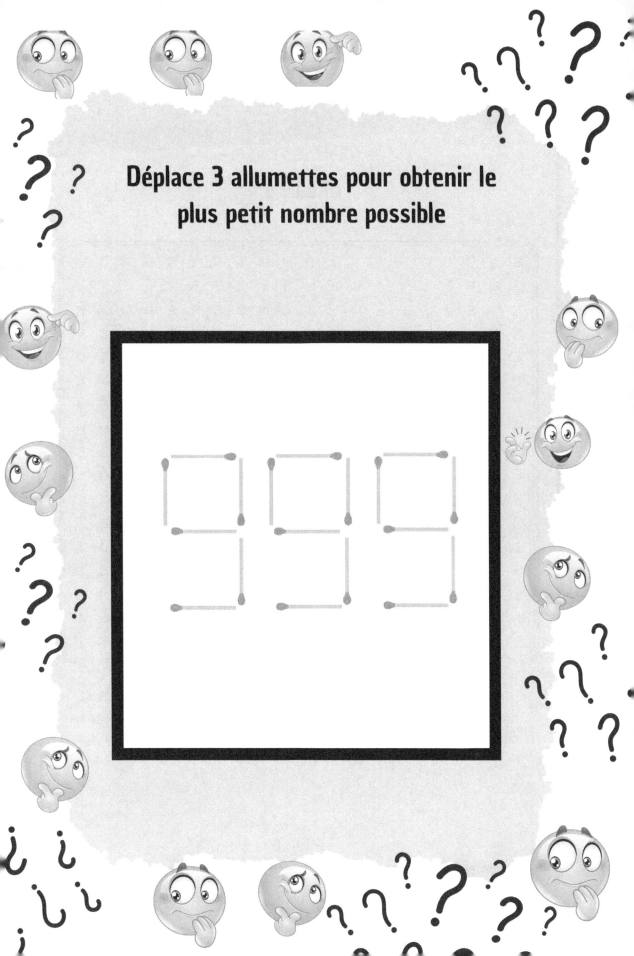

GRILLE 5

```
E X P L O R A T I O N M A R I N E P J S
C O P T S Y A V K N S Y E S B Z U L I U
E J B J S L E R U T A N S C R A P O X R
S N A V C I M Y D Z D Y I D P V V N O F
E A E R U L V A I M Y O S H Z Q R G T D
C C F Y S Z P H R C K O B F P M N E N E
Y R Z A T A L E T S A I K G P U U E E S
R R I F R D D A W D H N T D M F A C M N
A A O R W I Y T E N D M Y J X E G D E E
S C U E I L L E T T E F A O D F Q R G I
E V F Z A E T O I L E S N L N V I E R G
N D E G D U A H C N I A B N L I F S E E
I A O E G A V U A S E N U A F O N E B S
E Y F J Y R G G N I T F A R I N W G E S
L B A I E S S A U V A G E S A E A S H P
A F I U O B R A C V G L A M P I N G E A
B R L J F E U D E C A M P Z M T Q C G I
```

baleines   Glamping   Bain chaud   Canyoning   Cueillette   dauphins
Surf des neiges   Exploration marine   faune sauvage   baies sauvages
parcs naturels   Marshmallows   Hébergement   Rafting   Feu de camp
étoiles   Spa   Plongée   Yoga   Safari

GRILLE 6

```
E S C A L E S U R F D E S N E I G E S
V C C B J Y R O K Y X A A W L T P D E
Y O U P M O O T Q A P O R T S S M P C
A U P C F N W B C F Y S T D N I D T R
O C L T R S C C V W T A D D I G J N A
S H A N Z V E P J M U X K Q Y I S R Q
N E I C O J N O I T A R O L P X E P U
A R S E U E C A E Q P R I R M X A C E
V D A J V P G G N V U V E E S T H U T
I E N E H N X N M D A E E I I E E L T
G S C T U X Y Z O G U U N N L L H R E
A O E S H U I A U L Y N A I I I E P S
T L M K T C R E C V P G E O Q M O M N
I E P I Y E S A O Y E F V S I U Q V U
O I E L D D A P P U D N A T S P E Q U
N L P H A R E C R O I S I E R E J I H
```

Raquettes   **Exploration**   **Navigation**   **Plaisance**   **Pique-nique**
Croisière   **Plongeon**   **Patinage**   **Jet ski**   **Escale**   **Dunes**
Vagues   **Stand-up paddle**   **Surf des neiges**   **Coucher de soleil**
Kayak   **Phare**   **Voile**   **Ports**   **Voilier**

GRILLE 7

```
D Y F H B D I L H X S B G C E E T J
E S E N G A T N O M E G I E N E V C
T J E N C I D J B A R B E C U E S Z
E I W D E W P W E U F D U Z A U I H
N I K D E C O U V E R T E K I U K A
T C S S T U Y S M O N O T E N T E V
E D C H A L E T A Q C V A P I M P E
I R E E N N O D N A R O O E O L U N
W A F E U D E C A M P A E Y B S E T
N O I T A X A L E R I D F E A V X U
E B B C A M P I N G U D R T N G U R
O W A E J I L C D E D U I L I S E E
C O E V A S I O N C R O I S I E R E
E N O I T A R O L P X E G A S Y A P
A S V M T N O I S R U C X E A X P R
```

Croisière   Aventure   Camping   Évasion   Paysage   Neige
Relaxation   Exploration   Montagne   Barbecue   Excursion
Snowboard   Ski   Randonnée   Découverte   Feu de camp
Chalet   Tente   Voyage   Détente

GRILLE 8

```
X D E R D S S N E D A P A C S E Z U T N
V T D T B J E T A D D S M M A K A Y A K
O V E N F Z N D C F S T E F U U X O P R
Y O Y O G E I S A U P U E S K S D E L T
A I I L T H G H R L E P A E U M L P A B
G L I E C S O F N U L F P I S D X D N R
E E D S P R G Q C H D I B I D U E I C I
E S D A I Q S E T H U U R A R O M M H S
I O T Z F F B X E M A E P G N T W M E E
I C O Q E R I A L O S E M E R C D A A Y
L N O Y A U D E N U E F L C P A V A V O
A Y V B A N O P U T A N A P U E W D O R
Y B P L A I S I R S S I M P L E S P I R
C U L E V E R D E S O L E I L Y U E L P
T Q E O Z Q B P S F R U S E T I K J E W
L I E L O S E D S E T T E N U L E E R U
C O U C H E R D E S O L E I L O E T W A
```

Planche à voile   Escapade   Lever de soleil   Crème solaire
Plaisirs simples   Coucher de soleil   Paddle   Lunettes de soleil
Méduses   Road trip   Détente   Grillades   Horizon   Barbecue
Voyage   Kayak   Kitesurf   Surf   Voile   Brise

Ma page de gribouillages

Kakuro

Le Kakuro est un jeu de logique numérique où vous devez remplir une grille avec des chiffres de 1 à 9, sans répétition dans une même ligne ou colonne. Chaque groupe de cases blanches reliées à une case noire associée doit avoir une somme de chiffres égale à l'indice correspondant. Les cases noires ne contiennent pas de chiffres et ne sont pas reliées entre elles. La grille doit être remplie entièrement avec des chiffres valides qui respectent ces règles.

GRILLE 1

GRILLE 2

GRILLE 3

GRILLE 4

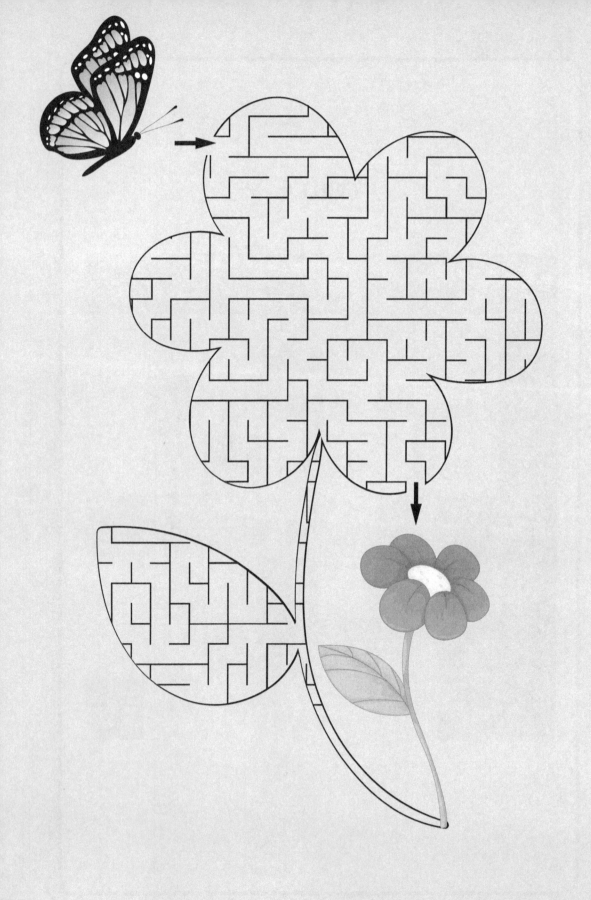

JE SUIS

FUN

GRILLE 5

GRILLE 6

GRILLE 7

GRILLE 8

Trouvez le bon opérateur

932 ... 467 = 1399
1570 ... 680 = 890
84 ... 7 = 588
2450 ... 35 = 70
615 ... 300 = 315
72 ... 9 = 648
1680 ... 24 = 70
960 ... 12 = 80
525 ... 275 = 800
720 ... 60 = 12
99 ... 9 = 891
1400 ... 14 = 100
550 ... 120 = 430
192 ... 6 = 1152
1888 ... 16 = 118
1300 ... 750 = 2050
1990 ... 550 = 1440
560 ... 18 = 10080
2550 ... 50 = 51
1650 ... 800 = 850

Le Takuzu

Le Takuzu est un jeu de logique sur une grille de taille variable remplie de cases blanches et noires. L'objectif est de placer des chiffres (0 ou 1) dans chaque case, en respectant les règles suivantes :

Chaque ligne et chaque colonne doit contenir un nombre qui est soit 0 soit 1.
Il ne peut y avoir plus de deux chiffres identiques côte à côte (horizontalement ou verticalement)

GRILLE 1

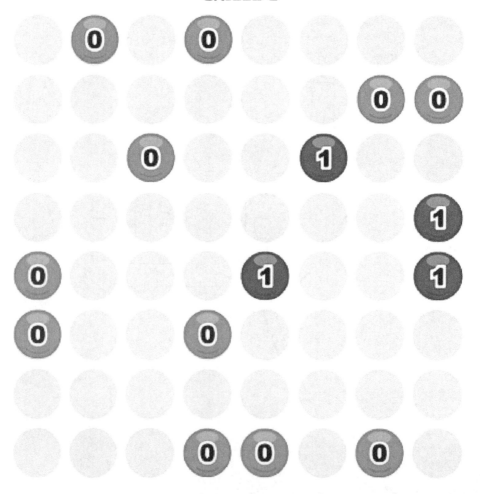

GRILLE 2

GRILLE 3

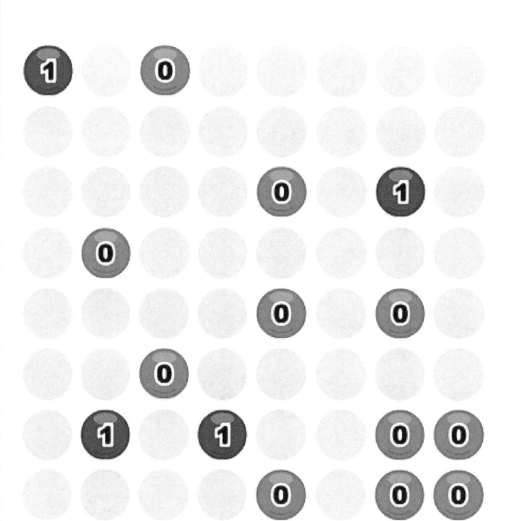

GRILLE 4

Isole les chats

Trace 3 lignes droites pour isoler chaque chatons seul dans son enclos

JE SUIS LIBRE

GRILLE 5

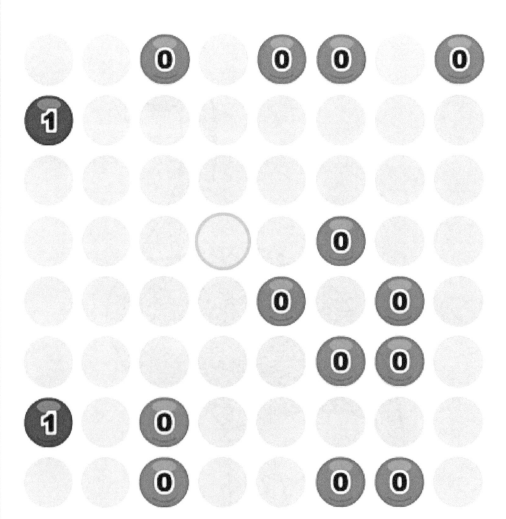

GRILLE 6

GRILLE 7

GRILLE 8

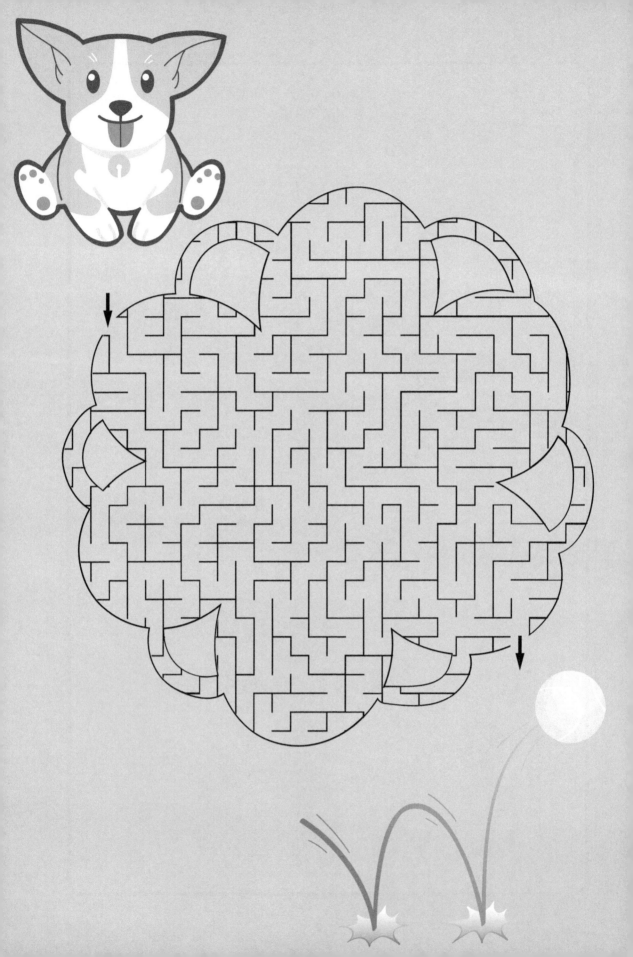

Sudoku

Remplissez une grille de 9x9 cases avec les chiffres de 1 à 9, en veillant à ce qu'aucun chiffre ne se répète dans chaque ligne, chaque colonne ou chaque région de 3x3 cases.

GRILLE 1

	5	3	1	2	9	6	4	
2	4						1	9
8								3
6		5	4	9	1	3		7
				2		5		
	9	2		6		1	8	
	6	1	8		4	9	7	
		8				5		
			9	7	3			

GRILLE 2

3	8			2			6	7
5	6			7			9	1
	7			9			2	
		5		3		1		
			9		1			
		1	6		5	2		
			8	5	9			
2								5
6			7		2			8

GRILLE 3

			5		7			
8	9		3		4		6	7
7	5	2				9	3	4
		9		3		1		
5	1	3		8		7	4	2
		8		7		6		
2			9		3			6
1		6				2		9
	4		2		6		1	

GRILLE 4

			1	6	3			
	3						5	
	2						9	
3			7		6			4
	9		4		1		3	
4				2				5
		7		3		8		
				8				
		2				6		

JE SUIS
DETENDUE

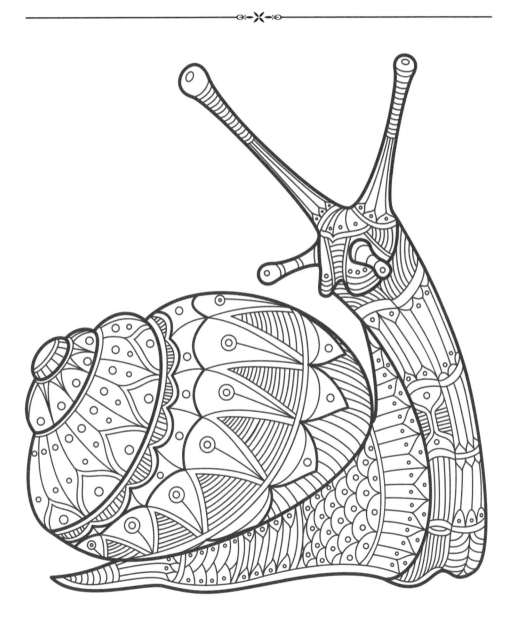

GRILLE 5

8				2	4		1	3
4	3				9	7		6
7	9					8		
	6	4		1			9	8
			5		2			
2	7			9		6	5	
		5					3	7
3		9	6				8	2
1	2			8	4			9

GRILLE 6

Grille 1 (haut-gauche)

		8			3	7		
	9	4						
3	1		9	7	5	2	4	6
					5		2	
	8			2				
4	7		5			9		
9		6						1
			1			3		
1	2		7			5		

Grille 2 (haut-droite)

		2	3					
					7	8	2	6
			4				9	
	8	6			9			
1	5						7	
2	3	9	7	5	4			
			2			1	4	
	4		6		3	2		
							8	

Grille 3 (bas-gauche)

	1			9	4		2	
			6	8	7			
		1		5				
	6	8	9	7				
		4	2		8	5		
		5	1	3		7	9	
	9						4	
4	7			5				
				9	8			

Grille 4 (bas-droite)

2			4					
								8
7				1				3
6			5	4	3	8	1	
8			6		7		2	
		4					9	7
4		9	1					
	5					6	2	
	6		2			8		

GRILLE 7

Grille 1 (haut gauche)

8		7			2	5	3	4
	3			7		1		6
			1					
7				8	3			
						9		5
		4						1
	7			2		8		9
5			9			4		3
4								

Grille 2 (haut droite)

3	8			6		5		1
4	2		5	8		7	6	9
		6	7				2	3
9		6						
				1		3		
			8	7				
				2		1		
2						4		7
		5					3	6

Grille 3 (bas gauche)

	6							
5			3		8	1		
	1	4	6	9	2	5		7
3					4			
	4			2	3			8
		9			6			
4	3		2		7			
	8					7		
1	2							9

Grille 4 (bas droite)

	9	5	2				6	
1			7					
	8			6				
	1	4	3	9			2	
				1	8	7	9	
		6	7	5				
						4		
1	7					3		
6			3	9				7

GRILLE 8

Grille 1 (haut-gauche)

9	3		7					6
1	2	7		6	4			
8					7			
	7		9				5	
			8	7		2		
2	5		6					
			4			5		8
		1		3				
5			1	2		6		

Grille 2 (haut-droite)

					7	3		
1								
2						6	3	1
7								
4		5		6	2	9		
3			8	4	1	2		5
					8			
6	5		1					8
8			5	3		7		2

Grille 3 (bas-gauche)

5					6			
			2	4				
7		2	8		5		4	
		1	3			2	9	8
			4	2	1	5	6	
	2					7		9
				1		8	3	
3					8	4	1	

Grille 4 (bas-droite)

2	4		3				7	
6	3	8			5			
		1						
7	8	6			1			
4	5			9				8
9					6			4
3						2		
	9	5		3			8	
						9		7

Si j'étais...

"Si j'étais un personnage de conte de fées, je serais.............................."

"Si j'étais un pays, je serais.."

"Si j'étais une invention, je serais..."

"Si j'étais un événement historique, je serais.."

"Si j'étais un vêtement, je serais..."

"Si j'étais un parfum, je serais.."

"Si j'étais un bruit, je serais..."

"Si j'étais un élément de la nature, je serais.."

"Si j'étais une ville, je serais.."

"Si j'étais un moyen de transport, je serais.."

"Si j'étais une émission de télévision, je serais..."

"Si j'étais une boisson, je serais.."

"Si j'étais un héros mythologique, je serais..."

"Si j'étais une activité sportive, je serais..."

"Si j'étais un lieu magique, je serais.."

"Si j'étais un animal de compagnie, je serais..."

"Si j'étais une œuvre d'art célèbre, je serais.."

"Si j'étais un moment de la journée, je serais..."

"Si j'étais une sensation, je serais.."

"Si j'étais un animal sauvage, je serais.."

"Si j'étais un moment de l'année, je serais.."

JE SUIS
MAGIQUE

Ma page d'auto-gratitude

Recherche les modèles

Chaque forme est située une fois dans les grilles de gauche. Aucune des formes ne se chevauche. Tracez les formes au fur et à mesure que vous les trouvez

GRILLE 1

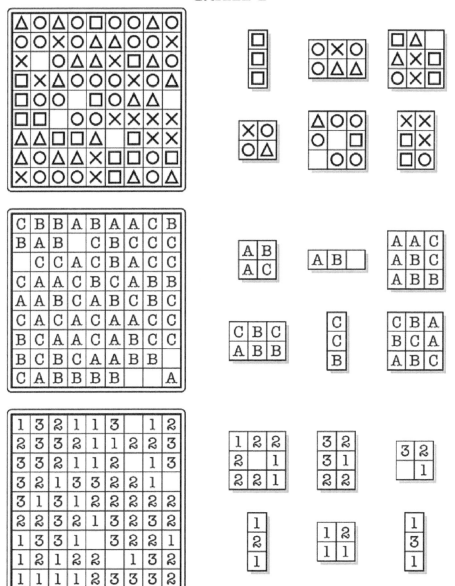

GRILLE 2

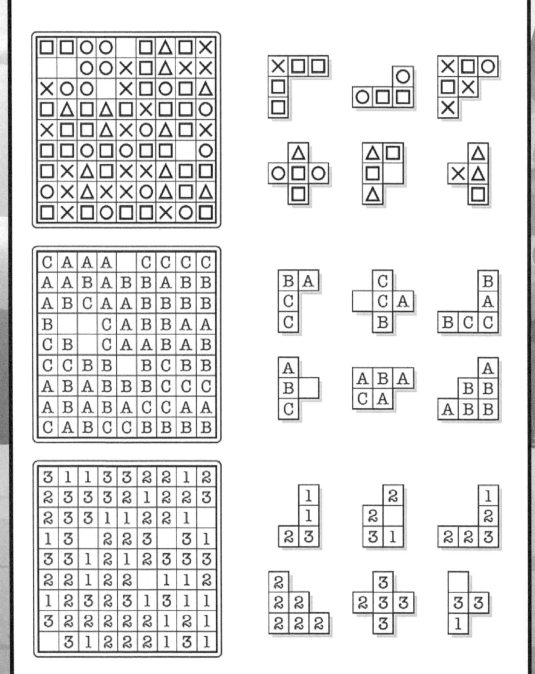

GRILLE 3

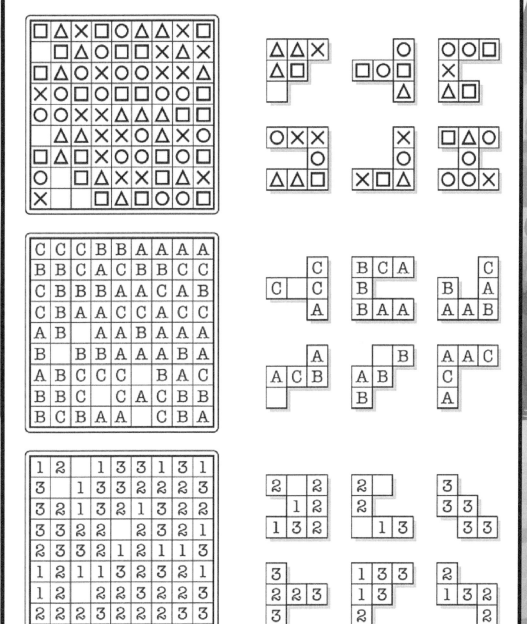

GRILLE 4

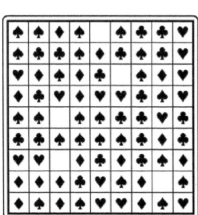
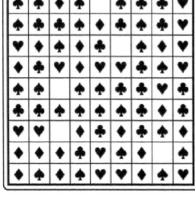
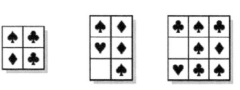

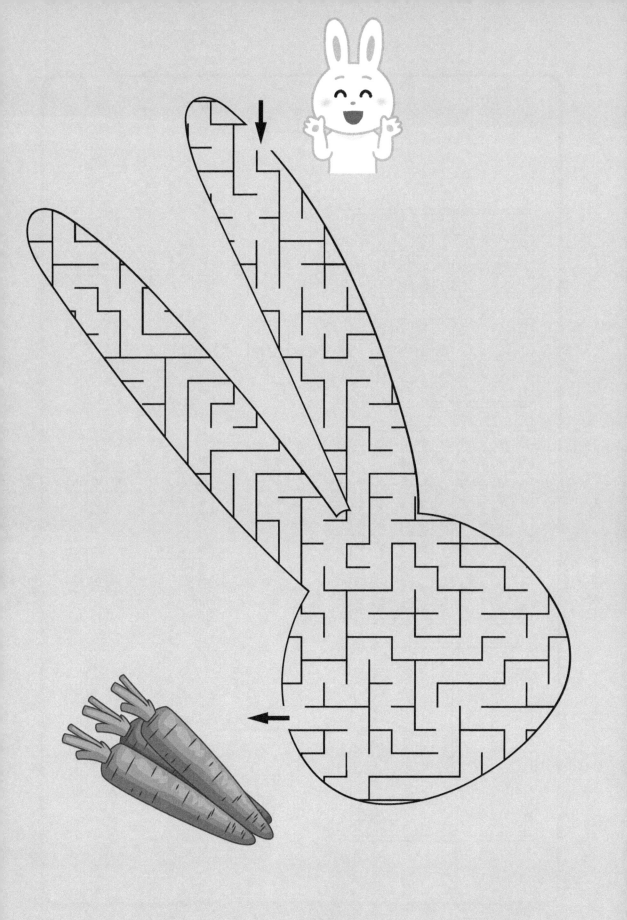

GRILLE 5

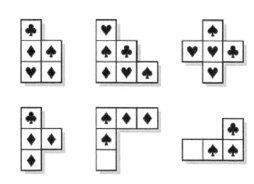
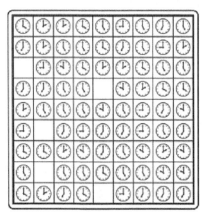

GRILLE 6

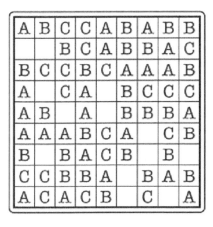
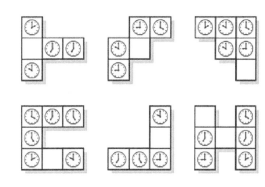
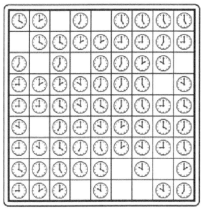
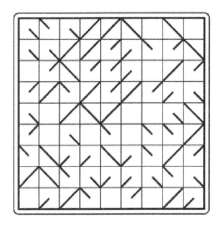
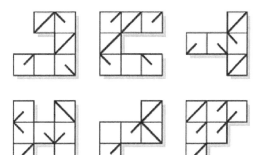

GRILLE 7

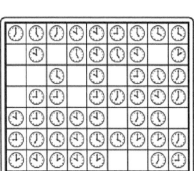
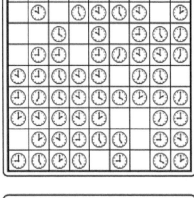
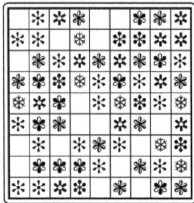
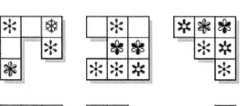
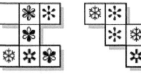

GRILLE 8

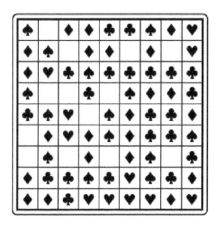

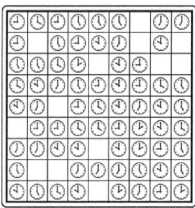

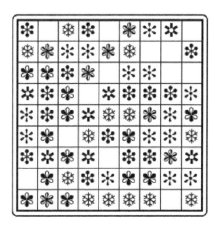

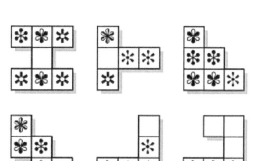

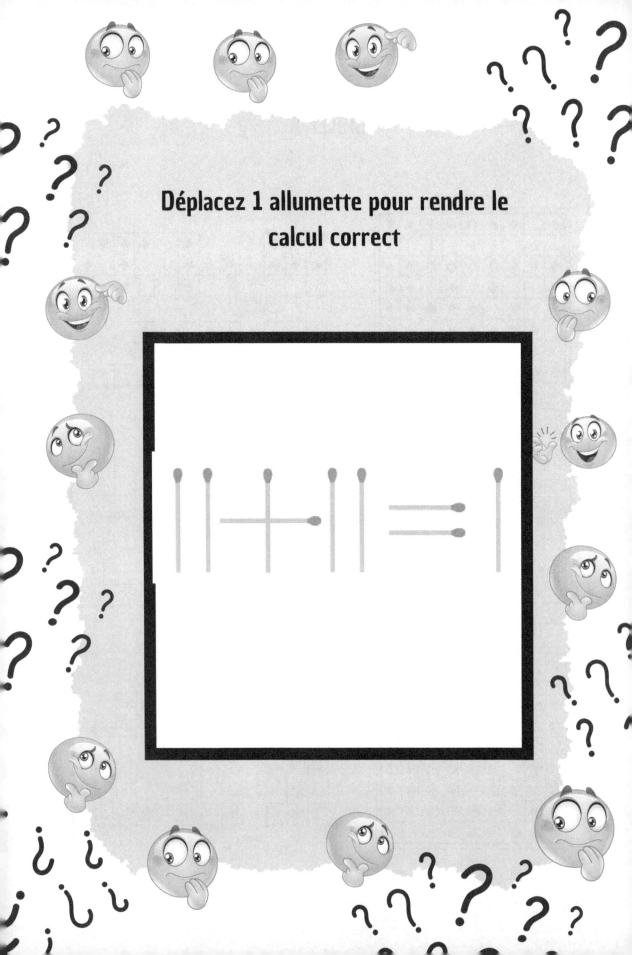

LES CUBES

Un seul des modèles de chaque groupe peut être plié pour former le cube. Le jeu consiste à déterminer lequel de ces modèles est le bon.

JEUX 1

 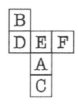 

JEUX 2

JEUX 3

JEUX 4

JEUX 5

JE SUIS
HEUREUSE

JEUX 6

JEUX 7

JEUX 8

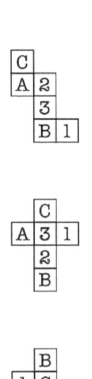

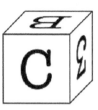

JEUX 9

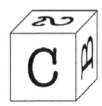

JEUX 10

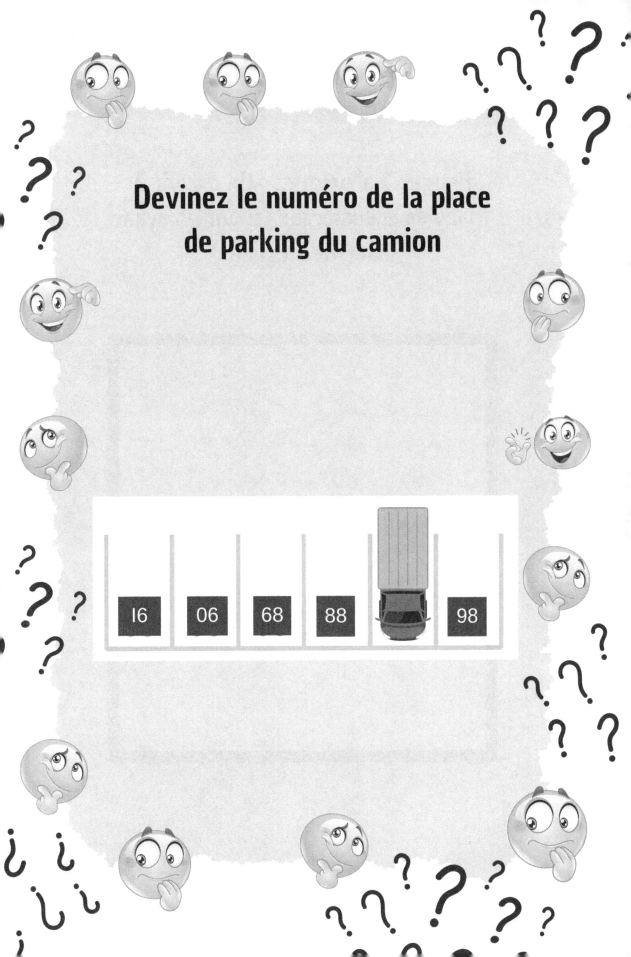

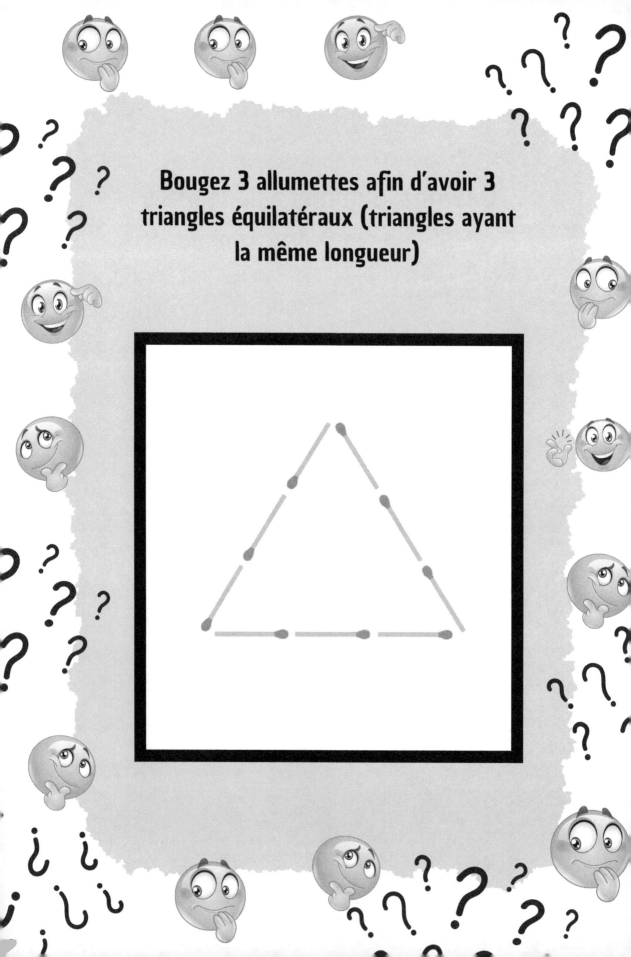

Bougez 3 allumettes afin d'avoir 3 triangles équilatéraux (triangles ayant la même longueur)

Mes souvenirs positifs

Que m'est-il arrivé de positif aujourd'hui ?

....
....
....
....

Que m'est-il arrivé de positif cette semaine ?

....
....
....
....

Que m'est-il arrivé de positif ce mois-ci ?

....
....
....
....

Solutions BUZZ

GRILLE 1

3	6	2	1	4	5
1	5	4	6	2 <	3
2	3	1	5	6	4
6	2	3	4 <	5	1
5	4 <	6	3	1	2
4	1	5	2	3	6

GRILLE 2

5	3	1	4	2	6
2	4	6	3	5	1
3	6	2	5	1	4
6 >	5	3	1	4	2
1	2 <	4	6	3	5
4	1	5 >	2	6	3

GRILLE 3

2	6	1	3 <	4	5
1	3	4	5	6	2
3	4	5	6	2 >	1
4	5	2 >	1	3	6
5	2	6 >	4	1	3
6	1	3 >	2	5	4

GRILLE 4

5	3	1	2	6	4
1	2	6	4	5	3
6	4	2	3	1	5
3	1	5	6	4	2
4 <	5	3	1 <	2	6
2	6	4 <	5 >	3	1

GRILLE 5

4	2	6	1	3	5
1	5	4	2	6	3
5	3 >	2	6	4	1
3 <	4	1	5	2	6
6	1	3	4 <	5	2
2	6 >	5	3 >	1	4

GRILLE 6

5	2	1	4	6	3
3	4	6	5	2	1
6	3	5	2	1	4
1	6	2	3 <	4 <	5
2	5 >	4	1	3	6
4	1 <	3	6 >	5	2

GRILLE 7

1	2	4	3	6	5
5	6	1	2	4	3
6	3	2	1	5 >	4
2	4	6	5 >	3	1
4 <	5	3	6	1	2
3 >	1	5 >	4 >	2	6

GRILLE 8

6	2 >	1	5	4	3
5	3	6	2	1	4
1	4	2	6	3 <	5
4	1	5	3	2	6
3	5 >	4	1	6	2
2 <	6	3 <	4 <	5 >	1

Solutions Le Matuko

GRILLE 1

5	7+ 3	4	1- 2	1
2	4/ 1	8+ 5	3	6+ 4
4/ 1	4	1- 3	6+ 5	2
4	30x 5	2	1	8+ 3
3	2	4/ 1	4	5

GRILLE 2

3+ 1	8+ 5	3	2- 2	4
2	7+ 4	15x 1	5	3
15x 5	3	9+ 4	3+ 1	2
3	4x 2	5	7+ 4	5x 1
4	1	2	3	5

GRILLE 3

9+ 4	5	2	6+ 1	3
4+ 3	4x 1	4	5	7+ 2
1	7+ 4	3	2	5
7+ 2	1- 3	9+ 5	4	4x 1
5	2	4+ 1	3	4

GRILLE 4

20x 5	1	4	3	2
5+ 3	10x 2	5x 5	1	5+ 4
2	5	12x 3	4	1
12x 4	3	3+ 1	10x 2	5
5+ 1	4	2	2- 5	3

GRILLE 5

2x 1	9+ 5	4	15x 3	2- 2
2	3	4+ 1	5	4
4x 4	1	3	3- 2	5
15x 5	4	2	5+ 1	4+ 3
3	3- 2	5	4	1

GRILLE 6

6x 3	2	1	20x 5	4
4x 1	20x 5	4	2	3
4	6+ 1	5	6x 3	2
10x 2	1- 4	4+ 3	1	6+ 5
5	3	6+ 2	4	1

GRILLE 7

3	7+ 5	2	9+ 4	2/ 1
4	4+ 1	8+ 3	5	2
10x 1	3	5	6+ 2	4
2	8+ 4	1	3	15x 5
5	6+ 2	4	1	3

GRILLE 8

9+ 4	5	5+ 1	5+ 3	2
3	2- 2	4	10x 5	4+ 1
5	4	2	1	3
3+ 2	1	8+ 3	2- 4	9+ 5
4+ 1	3	5	2	4

Solutions ANAGRAMMES

GRILLE 1

	D	C		B	C
P	E	L	O	T	E	U	R
	C	A	N	O	N	N	E
M	A	I	T	R	E		M
L	I	S	S	A		E	R
	T	E		D	E	M	I
G	R		P	E	S	E	E
	E	M	I	R	A	T	S

GRILLE 2

	E	L		C		G
E	N	T	A	C	H	E	R
	V	A	R	O	I	S	E
G	I	N	D	R	E		V
	S		A	N	N	I	E
R	A	M	I	E		S	
	G	E		T	S	A	R
G	E	L	E		U	R	E
	R	O	U	L	A	D	E

GRILLE 4

GRILLE 5

	R		P		D		O
M	E	S	U	R	E	E	S
	C	A	R	E	N	C	E
	R	E	L	I	G	I	O	N
	P	E	N	E		U	T
A	I	N		L	E	T	
	S	T	E		M	E	R
U	S		P	R	O	U	E
	E	G	O		I	R	A

GRILLE 6

	D		C		R		C
	T	I	M	O	N	I	E	R
		R	O	U	I	L	L	E
P	I		R	E	L	U	E
	G	A	T	E	E		S
	R	E	M		S	T	E
	A	I	R		T	U	E
A	N		A	P	E	R	O
	T	O	P		S	O	N

GRILLE 7

GRILLE 8

Solutions MOTS MELES

GRILLE 1
GRILLE 2
GRILLE 3

GRILLE 4
GRILLE 5
GRILLE 6

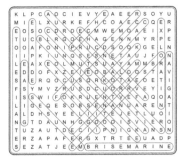
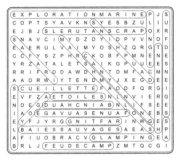

GRILLE 7
GRILLE 8

Solutions Kakuro

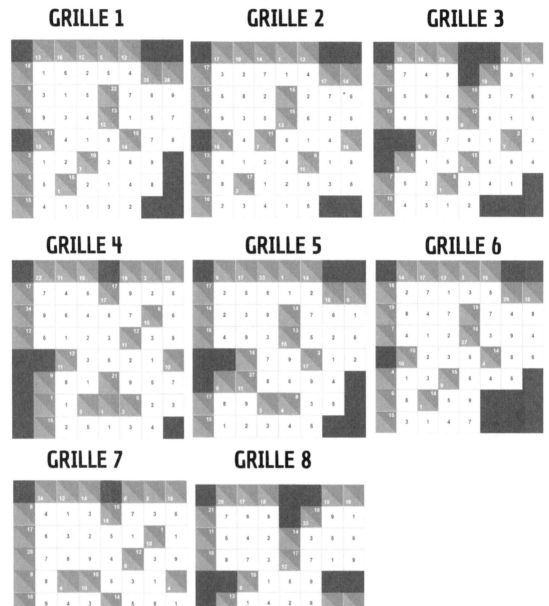

Solutions Le Takuzu

GRILLE 1
```
0 0 1 0 1 0 1 1
1 1 0 1 0 1 0 0
0 1 0 1 0 1 1 0
1 0 1 0 1 0 0 1
0 1 0 1 1 0 0 1
0 1 1 0 0 1 1 0
1 0 0 1 1 0 1 0
1 0 1 0 0 1 0 1
```

GRILLE 2
```
0 1 0 1 0 1 1 0
0 0 1 0 1 0 1 1
1 1 0 0 1 1 0 0
0 0 1 1 0 1 0 1
1 1 0 1 1 0 0 1
0 1 1 0 0 1 1 0
1 0 1 1 0 0 1 0
1 0 0 1 1 0 0 1
```

GRILLE 3
```
1 1 0 0 1 0 1 0
0 0 1 0 1 0 1 1
0 1 0 1 0 0 1 1
1 1 0 1 0 1 1 0
0 0 1 1 0 1 0 1
1 1 0 1 0 1 0 0
1 0 0 1 0 1 0 0
```

GRILLE 4
```
0 1 0 0 1 0 1 1
0 1 1 0 1 1 0 0
1 0 0 1 1 0 1 0 0
0 1 0 1 1 0 0 1
1 0 1 0 0 1 1 0
0 0 1 0 1 1 0 1 0
0 0 1 1 0 1 0
1 0 1 0 0 1 0 0
```

GRILLE 5
```
1 1 0 1 0 0 1 0
1 0 0 1 0 1 1 0
0 0 1 0 1 1 0 1
0 1 1 0 1 1 0 0
1 0 1 0 1 0 1 0
0 1 0 1 1 0 0 1
1 0 0 1 0 1 1 0
0 1 0 1 1 0 0 1
```

GRILLE 6
```
0 0 1 1 0 1 1 0
1 0 0 1 1 0 1 0 1
0 1 1 0 1 0 0 1
1 0 0 1 0 0 1 0
1 1 0 1 0 1 0 0
0 0 1 1 0 0 1 1
0 1 0 0 1 1 0 1
1 1 0 0 1 0 1 0
```

GRILLE 7
```
0 0 1 0 1 0 1 1
0 1 0 1 0 0 1 1
1 1 0 1 0 1 0 0
1 0 1 0 1 1 0 0
0 1 0 0 1 0 1 1
1 0 0 1 0 1 0 1
0 1 1 0 1 1 0 0
1 0 1 1 0 0 1 0
```

GRILLE 8
```
1 1 0 1 0 1 0 0
1 0 0 1 0 0 1 1
0 0 1 0 1 1 0 1
0 1 0 1 1 0 1 0
1 0 1 0 0 1 1 0
1 0 0 1 1 0 0 1
0 1 1 0 1 0 0 1
0 1 1 0 0 1 1 0
```

Solutions Sudoku

GRILLE 1

7	5	3	1	2	9	6	4	8
2	4	6	5	3	8	7	1	9
8	1	9	7	4	6	2	5	3
6	8	5	4	9	1	3	2	7
1	3	7	2	8	5	4	9	6
4	9	2	3	6	7	1	8	5
3	6	1	8	5	4	9	7	2
9	7	8	6	1	2	5	3	4
5	2	4	9	7	3	8	6	1

GRILLE 2

3	8	9	1	2	4	5	6	7
5	6	2	3	7	8	4	9	1
1	7	4	5	9	6	8	2	3
9	4	5	2	3	7	1	8	6
7	2	6	9	8	1	3	5	4
8	3	1	6	4	5	2	7	9
4	1	7	8	5	9	6	3	2
2	9	8	4	6	3	7	1	5
6	5	3	7	1	2	9	4	8

GRILLE 3

3	6	4	5	9	7	8	2	1
8	9	1	3	2	4	5	6	7
7	5	2	8	6	1	9	3	4
6	7	9	4	3	2	1	8	5
5	1	3	6	8	9	7	4	2
4	2	8	1	7	5	6	9	3
2	8	5	9	1	3	4	7	6
1	3	6	7	4	8	2	5	9
9	4	7	2	5	6	3	1	8

GRILLE 4

7	5	9	1	6	3	4	8	2
6	3	8	9	4	2	1	5	7
1	2	4	8	7	5	3	9	6
3	8	5	7	9	6	2	1	4
2	9	6	4	5	1	7	3	8
4	7	1	3	2	8	9	6	5
5	1	7	6	3	4	8	2	9
9	6	3	2	8	7	5	4	1
8	4	2	5	1	9	6	7	3

GRILLE 5

8	5	6	2	4	7	9	1	3
4	3	1	8	5	9	7	2	6
7	9	2	1	3	6	8	4	5
5	6	4	7	1	3	2	9	8
9	1	8	5	6	2	3	7	4
2	7	3	4	9	8	6	5	1
6	8	5	9	2	1	4	3	7
3	4	9	6	7	5	1	8	2
1	2	7	3	8	4	5	6	9

GRILLE 6

#1

	A	B	C	D	E	F	G	H	I
1	2	6	5	8	4	1	3	7	9
2	7	9	4	6	2	3	8	1	5
3	3	1	8	9	7	5	2	4	6
4	6	3	1	4	9	7	5	8	2
5	5	8	9	1	3	2	4	6	7
6	4	7	2	5	8	6	1	9	3
7	9	4	6	3	5	8	7	2	1
8	8	5	7	2	1	9	6	3	4
9	1	2	3	7	6	4	9	5	8

#2

	A	B	C	D	E	F	G	H	I
1	6	9	2	3	8	1	5	4	7
2	4	1	3	5	9	7	8	2	6
3	5	7	8	4	6	2	3	9	1
4	7	8	6	2	1	9	4	3	5
5	1	5	4	8	3	6	9	7	2
6	2	3	9	7	5	4	1	6	8
7	3	6	5	9	2	8	7	1	4
8	8	4	1	6	7	3	2	5	9
9	9	2	7	1	4	5	6	8	3

#3

	A	B	C	D	E	F	G	H	I
1	8	1	5	3	7	9	4	6	2
2	3	4	9	2	6	8	7	1	5
3	7	6	2	1	4	5	3	9	8
4	1	5	6	8	9	7	2	4	3
5	9	3	7	4	2	6	8	5	1
6	2	8	4	5	1	3	6	7	9
7	6	9	3	7	8	1	5	2	4
8	4	7	8	9	5	2	1	3	6
9	5	2	1	6	3	4	9	8	7

#4

	A	B	C	D	E	F	G	H	I
1	2	1	3	4	7	8	9	5	6
2	9	4	5	3	6	2	1	7	8
3	7	8	6	5	1	9	2	4	3
4	6	7	2	9	5	4	3	8	1
5	8	9	1	6	3	7	5	2	4
6	5	3	4	8	2	1	6	9	7
7	4	2	9	1	8	6	7	3	5
8	1	5	8	7	9	3	4	6	2
9	3	6	7	2	4	5	8	1	9

GRILLE 7

#1

	A	B	C	D	E	F	G	H	I
1	8	1	7	6	9	2	5	3	4
2	9	3	5	8	7	4	1	2	6
3	6	4	2	1	3	5	7	9	8
4	7	9	1	5	8	3	6	4	2
5	3	8	6	2	4	1	9	7	5
6	2	5	4	7	6	9	3	8	1
7	1	7	3	4	2	6	8	5	9
8	5	2	8	9	1	7	4	6	3
9	4	6	9	3	5	8	2	1	7

#2

	A	B	C	D	E	F	G	H	I
1	7	3	8	2	6	9	5	4	1
2	1	4	2	3	5	8	7	6	9
3	9	5	6	7	4	1	8	2	3
4	4	9	5	6	2	3	1	7	8
5	6	8	7	4	1	5	3	9	2
6	2	1	3	9	8	7	6	5	4
7	3	6	4	8	7	2	9	1	5
8	5	2	9	1	3	6	4	8	7
9	8	7	1	5	9	4	2	3	6

#3

	A	B	C	D	E	F	G	H	I
1	9	6	3	7	1	5	4	8	2
2	5	7	2	3	4	8	1	9	6
3	8	1	4	6	9	2	5	3	7
4	4	3	9	1	8	6	4	2	7	5
5	7	4	6	5	2	3	9	1	8
6	2	5	8	9	7	1	6	4	3
7	4	3	9	2	5	7	8	6	1
8	6	8	5	1	3	9	7	2	4
9	1	2	7	4	8	6	3	5	9

#4

	A	B	C	D	E	F	G	H	I
1	7	4	9	5	2	1	8	6	3
2	1	5	6	7	8	3	9	4	2
3	3	2	8	9	4	6	5	7	1
4	6	7	1	4	3	9	6	2	8
5	6	3	4	2	1	8	7	9	5
6	5	8	2	6	7	5	1	3	4
7	9	8	2	6	7	5	1	3	4
8	4	1	7	8	6	2	3	5	9
9	8	6	5	3	9	4	2	1	7

GRILLE 8

#1

	A	B	C	D	E	F	G	H	I
1	9	3	5	7	8	1	4	2	6
2	1	2	7	3	6	4	8	9	5
3	8	4	6	2	5	9	7	3	1
4	6	7	8	9	1	2	3	5	4
5	4	1	3	8	7	5	2	6	9
6	2	5	9	6	4	3	1	8	7
7	3	6	2	4	9	7	5	1	8
8	7	8	1	5	3	6	9	4	2
9	5	9	4	1	2	8	6	7	3

#2

	A	B	C	D	E	F	G	H	I
1	5	9	3	6	1	4	8	2	7
2	1	8	6	2	7	3	4	5	9
3	2	7	4	9	8	5	6	3	1
4	7	2	8	3	5	9	1	6	4
5	4	1	5	7	6	2	9	8	3
6	3	6	9	8	4	1	2	7	5
7	9	3	7	4	2	8	5	1	6
8	6	5	2	1	9	7	3	4	8
9	8	4	1	5	3	6	7	9	2

#3

	A	B	C	D	E	F	G	H	I
1	5	8	4	9	1	3	6	2	7
2	6	1	3	2	4	7	9	8	5
3	7	9	2	8	6	5	3	4	1
4	2	3	6	5	8	9	1	7	4
5	4	5	1	3	7	6	2	9	8
6	8	7	9	4	2	1	5	6	3
7	1	2	8	6	3	4	7	5	9
8	9	4	7	1	5	2	8	3	6
9	3	6	5	7	9	8	4	1	2

#4

	A	B	C	D	E	F	G	H	I
1	2	4	9	3	1	8	6	7	5
2	6	3	8	9	7	5	1	4	2
3	5	1	7	6	4	2	8	9	3
4	7	8	6	4	2	1	3	5	9
5	4	5	1	7	9	3	2	6	8
6	9	2	3	5	8	6	7	1	4
7	3	7	4	8	6	9	5	2	1
8	1	9	5	2	3	7	4	8	6
9	8	6	2	1	5	4	9	3	7

Solutions Recherche les modèles

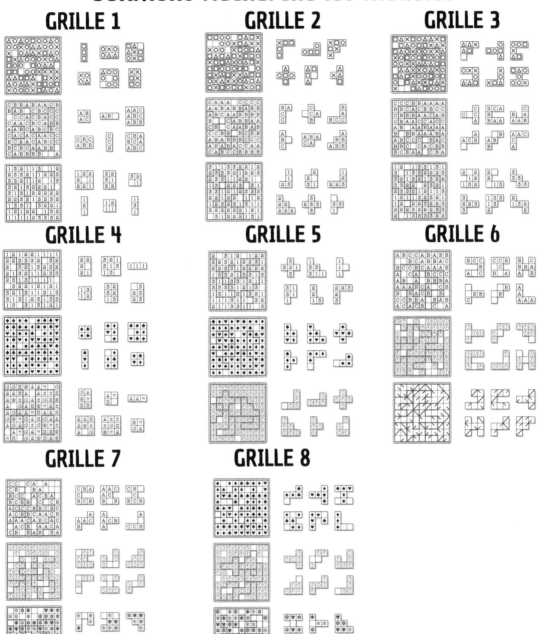

Solutions LES CUBES

En déplaçant c'est 2 allumettes vous obtenez le chiffre 999

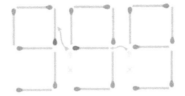

LES TRIANGLES :
réponses il y a 24 triangles

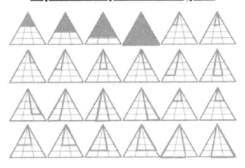

Les 9 points, voici la solution :

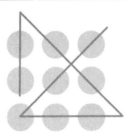

Le plus petit nombre possible est ici 000

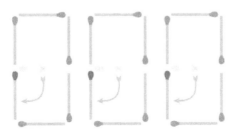

Les chatons

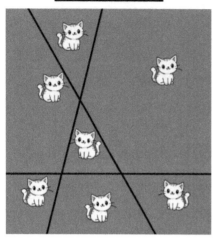

Voici la solution pour obtenir 1 :

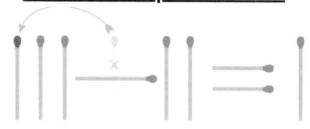

Libérez le chaton

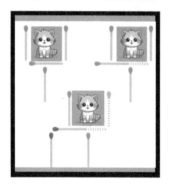

La place de parking du camion

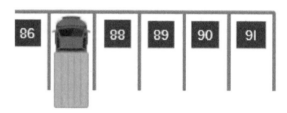

Vous voyez mieux le résultat dans ce sens c'est donc 87

Les 3 triangles. Voici la solution :

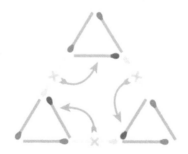

Chez Écureuil Éditions nous sommes une toute petite équipe et nous créons des carnets avec pour objectif de les proposer sur Amazon. Notre but est de s'améliorer constamment afin de vous proposer du contenu de qualité. Si vous voulez nous soutenir et si vous avez apprécié ce cahier de vacances pourriez-vous nous laisser 5 étoiles et nous mettre un commentaire sympa. (mais honnête évidemment)

Il suffit de flasher ce QR code afin d'accéder directement à la page commentaire. Merci beaucoup pour votre aide !!!

Merci

Sachez que nous avons également créé un cahier d'écriture cursives / Maternelle CP.

Flashez ce QR code afin d'y accéder directement.

Printed in France by Amazon
Brétigny-sur-Orge, FR

20571593R00071